講話CD付き

人生と仕事の方程式

INAMORI KAZUO
稲盛和夫

サンマーク出版

人生と仕事の方程式

目次

〝考え方〟が、人生を決めていく

運命は、自らの思いで変えられる

ポジティブな思いが人生を好転させる

生き方の神髄 6

装丁・造本　菊地信義＋水戸部功
本文ＤＴＰ　山中央
編集協力　京セラ株式会社　稲盛ライブラリー
京セラコミュニケーションシステム株式会社
株式会社鷗来堂
編集　斎藤竜哉（サンマーク出版）

本書は、一九九二年四月二十八日に行われた「盛和塾鹿児島塾長例会」での講話をCDに収録し、その内容を書籍にまとめたものです。講演会場にて録音された音源のため、一部お聞き苦しい箇所がある場合がございます。どうかご了承ください。

書籍は収録した講話を文章にしたものですが、読みやすくするために、一部表現を変えるなど編集を加えてあります。

人生と仕事の方程式

〝考え方〟が、人生を決めていく

人生・仕事の結果は、この方程式で表せる

たしかに運・不運というのが人間にはあるわけです。たいへん合理主義で貫かれているアメリカの経営の本などを読みましても、運のいい人ということは経営者の絶対条件の一つ、大きなファクターになっているぐらいです。

たとえば、能力、先見性、リーダーシップとか経営者に必要な要件をたくさん挙げていますが、そのなか

にもっとも非論理的、非科学的な「運がいい」という条件を、アメリカの経営書などでもよく挙げています。

ですから、いくら理屈っぽい人たちでも、運・不運があるということは、みんな認めています。

とくに日本では、運のいいリーダーにつかなければ、会社に入る場合でも運のいい経営者の会社に入らなければ、また運のいい上司のもとに勤めなければよくない、といわれています。

私は、「人生・仕事の結果＝考え方×熱意×能力」というふうに、人生や仕事は三つのファクターで表されると言っています。

実はこの「考え方」のなかに、運・不運というのが入っているわけです。

以前にも言ったと思いますが、「能力」というのは、頭がいいということも含めてですけれども、健康であるということ。スタミナがあり、なかなか元気者で夜遅くまで仕事をしても頑健だということ。そういう物理的な、肉体的な要件も能力のうちに入りますから、頭がいいだけではありません。健康だということも含めてです。

「能力」というのは、数字で表すとゼロから百点まであります。

私の親戚の叔父さんに、そう賢いとはいえないけれども、親戚のなかでは賢いほうで、小学校、中学校とたいへん成績がよかったという人がいました。うちの親戚にはあまりインテリはいないのですが、そのなかではもっともインテリらしい叔父さんでした。

私が小さい頃、その叔父さんが、たとえば「県庁に勤めて、いま課長をやっているあいつは小学校のとき同級生だったが、あんなアホなやつはおらんのや」というようなことを言う。

それを聞いて私は、

「うちの叔父さんは偉かったんやな、頭がよかったんやな。なのに、ちっともうだつが上がらない。何でやろう?」

「相手のほうが偉いのだけれども、叔父さんがバカにするのだから、叔父さんのほうが偉かったんやな。だけど、小学校、中学校の頃は頭もよくて偉かったにもかかわらず、何でいまこんなに薄汚くて仕事もできないのやろう？」

「親戚ではつまはじきに遭《あ》っているし、どうもあの叔父さんはみんなから嫌われている。何でかな？」

と、よく思ったものです。

考え方だけがマイナスの数値まである理由

そういう人がみなさんの周囲にもいると思うのです。

叔父さんはこれだけ言うのだから、本当はもっと偉くなければならないのに、そういう人にかぎって相手よりもはるかにうだつが上がらない状態になっている。

それが、実は「能力」なのです。

私が小学生の頃で、よく覚えていますが、縁側などで叔父さんが仕事もしないでいるので、うちのお袋などはもう忌み嫌っていました。でも本人はちっとも嫌われていると思っていない、厚かましいわけです。

そして向かいのおじさんが何かやっていればそれを見て、〝寝るほど楽はなかりけり〟〝隣のバカは起きて働く〟と言う。そういう根性の人でした。

叔父さんは、頭はいいのでしょうが、「バカは頭が悪いから働くんだ。オレは頭がいいから働かなくてもいいんや」と言う。つまり「熱意」が欠落しているわけです。

「ああ、叔父さんは頭がちょっといいのをいいことに、生真面目に、バカみたいに努力をすることをしなかった。

おもしろいもので、賢くない人は『オレは賢くないから、人一倍努力をせんといかん』と思って努力をする。そうすると、人生はだいたい同じような結果になっていく。頭のいい人、気の利《き》いた人に、人一倍努力をされたのでは差がつきすぎる。頭の悪い人が一生懸命やっても追いつかないわけだから。

だからうまくしたもので、神様は平均して世の中が住みやすくなるように、バカは一生懸命働くし、賢い人は横着に構えてあまり真面目に働かないようにつくった。そのために、結果として世の中はうまくいくのだ」と思ったことがあるのです。そういうことが一つのファクターになっています。

次に「考え方」というのは、実はマイナス百点からプラス百点まであるのです。

宗教家がよく、こういう思いをしてはいけませんよ、というようなことを説きます。

たとえば「怒りとか悲しみ、嫉妬、恨み、そういうネガティブな想念をもってはいけません。もっとポジティブな、明るい、前向きの想念、つまり感謝をしなさい、喜びを感ずる人生を送りなさい、ポジティブな、明るい、いい方向の思いをしなさいよ」と説きます。

ということは、「考え方」というのはマイナス百点からプラス百点までありそうだ、ということです。

たとえば、もともとは普通の人なのですが、ちょっとひねているという人がいます。

そのちょっとひねているとは、マイナス二点かもしれません。ちょっと悪いだけ、ちょっと世の中をすねているだけなのですから。

インテリでもちょっとすねた人がいますね。頭もいいのです、一流大学を出ていますから。だけど、偉くなれない人がいるのです。

いつもちょっとニヒルで、ちょっとひねて、素直に物事を考えない。それは、考え方がちょっとマイナスなだけなんですが、かけ算をしてみると、結果は全部マイナスです。

これがたし算だと、能力はある、熱意もある、そちらのほうが大きいとなれば、ちょっとぐらい考え方がマイナスであっても全体はプラスになるのですが、かけ算なものですから、考え方がかかってくると、全部がマイナスになってしまう。

運命は、自らの思いで変えられる

中国の古典が語る「運命と立命」の真理

そこで、もうお聞きになった方もおられると思いますが、安岡正篤さんが『陰騭録《いんしつろく》』という中国の本を講釈したものがありますので、これを説明すればよくわかると思います。

安岡正篤さんは中国の袁了凡《えんりようぼん》という方が書かれた『陰騭録』から引用して、『運命と立命』という書物を書いておられます。

安岡正篤さんはそのなかで、「運命というのはありますが、それはけっして宿命ではありません。そして運命というのは変えられるのです。それを〝立命〟といいます」と言っておられます。

そして、その袁了凡さんの書かれた『陰騭録』を訳しておられます。

袁了凡さんが『陰騭録』を書かれたのは、日本でいうと秀吉の時代ぐらいですから、いまから数百年前で、けっして中国の何千年も昔の本ではありません。

袁了凡という少年が、お母さんと二人である町に住んでいたとき、ある夏の日の夕暮れに旅の老人が家の前を通りかかった。そして了凡少年を見て、

「おまえは袁了凡ではないか」

「そうです」

「実は、おまえを遠い南の国から訪ねてきたんだ。私は易を学んだ者だ」

日本では易をするといえば八卦見で、当たるも八卦といいますけれども、中国では大変な学問です。天文からあらゆることを、統計的なことを使って占う学問です。

「易の学問を究めたときに神様から、〝この国に袁了凡という少年がいる。その少年に自分が究めた易の真髄を教えなさい〟という天命が下ったので、長い旅をして訪ねてきたのだ。おまえに易の真髄を教えてあげなさいと言われたので来たのだ」

そして一夜の宿を所望されたので、了凡少年が木戸口から家に入ってお母さんに「旅の老人が通りかかって泊めてくれと言うのだがどうしよう」と言うと、お母さんが「それなら上がってもらいなさい」と言うので、上がってもらった。

夕食をご馳走になって、その老人が了凡少年を見ながら、

「いま医者の道を目指していこうと、お母さんも本人も考えていると思うけれども、この子は役人になる方向へ将来進むはずです」

中国では、日本でいう国家公務員試験のような、科挙の試験というのが昔ありました。

中国は古くから天下の秀才を集めて国を治めることがいちばんいいと考えていたので、全国から何段階も

の国家試験を通じて、いわゆる公務員を採用していく制度をとっていました。

「科挙の試験を受けるでしょう。この子が何歳何カ月で最初の予備試験を受けるでしょう。最初はつまずいてすべります。その後、半年後、一年後に予備試験を受け直して、かろうじて何番目で通ります。そしてまた勉強して、次の二次試験を受けにいって、今度は何人中何番で通ります……」

こうして、了凡少年のこれからをずっと言うわけです。

「惜しいことに、いい奥さんをもらって結婚はするけれども子供はできませんね。そして五十三歳で自然に大往生を遂げるでしょう」

と、その老人が言うのです。

了凡さんはまだ子供なものですから、記憶だけはしていましたが、変なことを言うおじいさんだな、と思っていたわけです。

ですが、長ずるに従って、老人が言ったとおりになっていくのです。一次試験が受からないということから、受かるのも何人中何番ということまで、ピタリと当たっていくので、了凡少年は驚いた。

科挙の試験に受かっていきながら、途中で予備任官、国家公務員に予備の任官をするのですが、科挙の最終の試験を受けるとき、老人は「五十石の禄高をもらっているときに最終の試験に受かって、ある町の長官に任ぜられるでしょう」と言いました。

ところが、三十八石ぐらいしか給料をもらっていないときに最終試験に臨むことになった。

了凡さんは、「ああ、今度だけは狂ったかな。たしかあの老人は五十石のときに最終試験に臨んで通ると言ったけれども、勉強もしているし、周囲の人みんなからも最終試験には受かるだろうと言われているから、禄高だけは違うな」と思っていた。

ですが、その試験を受けるほんの何日か前に突然、試験を受けさせてもらえなくなった。

最終試験の試験官の一人から、「袁了凡というこいつはダメだ、これはまだ最終の試験を受ける資格がない」というので、はずされてしまう。

どうした弾みか知らないけれどもそういう運命にな

ってしまったと、彼は悶々《もんもん》とするわけです。そして一年ちょっとほされてしまう。

そして一年半かいくらか経ったときに、前回の試験のときにあいつはダメだといって、はずされたのだけれども、袁了凡が書いた論文を試験官が読み、「こんなすばらしい人間が埋もれて、試験を受けられなかったのは大変なことだ」というので大問題になって、やっぱり受けてもらおうということになり、正式な試験を受けさせてもらったのです。

そのときの禄高がちょうど五十石だった。やっぱりそうかと、もうびっくりするのです、老人が言ったとおりになるものですから。

運命は決まっているが、変えられる

そして国家公務員になって、若くしてある町の長官に任ぜられて行くのですが、そこにちょうど有名な禅宗のお寺があったのです。

長官になって赴任した袁了凡がそこへ参禅、坐禅を組みに行くわけです。

そこにいた老師が、さいきん着任した地方の長官が参禅に来たというので一緒に坐禅を組んだ。すると、その老師が舌を巻くほどすばらしい坐禅を組む。

「あなたは偉い。どこで修行をなされた。一点の曇りもありませんな、迷いがありません。どうやってそういう修行をされましたか」

と言って、その老師がほめたのです。

袁了凡長官曰《いわ》く、

「おっしゃるとおり、私には悩みがありません」

「なぜですか。人間は煩悩が多くて、生きていくのにはいろんな雑念妄念で頭がいっぱいのはずなんだが、なぜあなたは悩みがないのですか」と老師が聞くと、

「実は子供のときに旅の老人に出会って、私の人生はこうこうだと言ってくれた。今日まで、その老人が言ったとおりの人生を歩いてきました。今度ぐらいは狂うだろう、今度ぐらいは狂うだろうと思うのに、狂っていないんです。長官になることも、もう実は決まっていたんです。ですから何を悩むことがありましょう、私の人生はもう決まっているのですから。悩む必要な

ど何もありません。だから私は悩みがないのです、一点の曇りもないのです」

と言うわけです。

それを聞いて老師が、

「なんと、おまえは大バカ者なのか。大賢人ではないか、悟りをひらいた賢人ではなかろうかと思っていたのに……。私みたいな禅宗の坊主が苦労して修行してやっと解脱を、つまり悟りをひらこうと一生懸命のたうちまわっているのに、あなたは年が若いにもかかわらずすばらしい坐禅を組まれ、一点の曇りもない。偉い男だ、賢人だと思ったけれども、なんと愚人、大バカ者よ」

と言って怒るわけです。

「なぜですか」

「間違ってはいけない。おまえが言うとおり、人間は生まれながらにして運命が決まっています。それはその旅の老人が言ったとおりです。人間は生まれたときから死ぬまで運命は決まっています。決まっていますが、それはけっして宿命ではありません、変えられないものではありません。運命はいい方向に変えられるのです。その方法はただ一つ、善きことを思う、ということなのです」

それを禅宗では〝善〟、また仏教では〝布施の心〟といいます。

お布施というのは寄付、喜捨をすることです。お布施をするというのは施しをするわけです。

一般的には施しというのは、具体的に見えるようにしますが、実はモノをあげるのではない、モノは要らないのです。〝思いやりの心〟を布施というのです。そして善、善きことというのも思いやりです。

〝思いやり〟というのは何かというと、他によかれかしと思う心です。人の喜びが自分の喜びに感じられる心、人の悲しみが自分の悲しみに感じられる心、よかれかしと願って、人を思いやる心です。それを仏教では〝布施〟、もしくは〝慈悲〟という言葉で表します。

中国の古典などでは〝積善の家に余慶あり〟といいます。善を積めばいいことがありますよと。また〝陰徳を積む〟といいます。

中国でいう〝徳〟も、〝善〟と一緒です。いいことをする、徳を積む、陰徳を積む、それは思いやりです。

キリスト教文化圏では、それを〝愛〟という言葉で表します。それも思いやりです。愛するということは、自分がしてほしいことを相手にしてあげることです。

誰にでも美しく調和に満ちた魂がある

それは何かといいますと、もともとみなさんの魂そのものがもっているものです。愛、布施、慈悲は、実はみなさんの魂そのものがもっているものなのです。

魂というものを、私は〝愛と誠と調和に満ちたもの〟と表現しています。

また言葉を換えると、魂は〝真・善・美〟という言葉で表される実体です。〝真・善・美〟という言葉で表される実体というのは、魂が真実であり、善きものであり、美しいものであるからです。

ですから、人間は放っておきますと、〝真・善・美〟の方向へ行動をするわけです。

真実を追求してサイエンスが生まれてきますし、美を追求して芸術・芸能が生まれてきますし、善、善きことの追求のために、宗教その他の活動が生まれてきます。

つまり人間が究極的に求めて生きている方向というのは、自分の魂と同じものを求めて生きているということなのです。

その老師が袁了凡長官に、

「あんたはなんとバカ者よ。たしかに運命というのは決まっています。生まれながらにして、あなたの魂がたどっていくであろう運命は決まっている。

なぜ、運命が決まるのか。それはあなたの魂がこの現世に生まれてくるまでの間、つまり輪廻《りんね》転生を繰り返していますが、前世、もしくはその前につくった因縁によって決まっています」

と説くわけです。

原因というのは、仏教では〝業《ごう》〟といいます。あの人は業が深いなどといいますが、業というのは因縁です。それは自分の魂が過去に遍歴をしてきた結果、つくった原因なのです。

「善き業、悪い業、いい因縁、悪い因縁、それが重なって現世における運命が決まっています。だからいまのあなたとは関係ありません。あなたの魂が過去から引きずってきたもので、今日の運命が決まっているのです。

ですが、それではあなたがこの現世、たった一回しかない人生を生きた意味がないじゃありませんか。あなたは過去の産物で生きているだけじゃありませんか。あなたが、もし国家公務員で偉い長官になったというなら、あなたの過去の魂が善きことをやったのでしょう。だから、あなたは若くして長官にもなったのでしょう。

ならば、あなたが現実に生きている意味はないじゃありませんか。あなたは現世で新しい因をつくらなければいかんのです。新しい業をつくらなければいかんのです」

それは先ほど言ったように、善きこと、善、思いやり、キリスト教でいうと愛です。

「善きことをなすのです」

「善きことというのは何ですか」

「それは〝思いやりの心〟です。何も要りません。自分の友達が、自分の奥さんが、自分の旦那さんがうまくいってくれることを乞い願う。そして人生がうまくいけば、よかったですねと心から喜んであげることなんです」

どうです、いまの現世をご覧なさい。人がうまくいくことを、みんなが喜ばない時代、世の中です。

週刊誌を買ってごらんなさい、有名人やら芸能人やらがうまくいっていればいるほど、それをつっつきたおして、スキャンダラスなことを書いては引きずり下ろそうとする。もうジェラシーしかない。

人がうまくいくことがおもしろくない。自分も豊かなのに人を引きずり下ろそうとしたりする。

つまり、相手が、他人がうまくいってほしい、うまくいっていることが幸せだと自分が感じられる、そういうやさしい心が本当の魂なのに、人がうまくいかないことを願うという非常に汚く、正反対なことになっている。

だから世相が荒れるわけです。世相が荒れるだけではありません、みなさんの運命自身が変わるのです。

善きことをどれだけ思ったかで人生は決まる

そして老師が袁了凡に言うのには、

「善きことを思うんですよ」

「思うだけでいいのですか。何もしなくていいのですか」

「いいのです。思うだけでいいのです。世の中がうまくいくように、自分の友達がうまくいくように、成功するように、自分はどうでもいいけれども、友達がうまくいくようにというやさしい心、思いやりの心、それが要るんですよ」

私は信者ではありませんが、町を歩くと、軒先に〝世界人類が平和でありますように〟という札がかかっているのをたまに見られると思います。説いたのは、すばらしい新興宗教の方です。

私は本しか読んでいませんが、日本の政治家でも帰依しておられる方がいました。あの方が信者に説いたのです。

「世界人類が平和でありますようにと、それを念仏のように唱えなさい。そして、できれば自分の軒先に、知り合いの家の塀にその札を貼ってください」と。

信者の方々はいまでも〝世界人類が平和でありますように〟という小さい札を塀や街角にかけておられます。自分の手柄、功名、成功、自分が豊かになるということを望むのではなく、世界人類が平和でありますように、と。つまりそれは〝思いやり〟です。

「思いやりの心があなたの運命を変えるのです」と、その禅宗の老師が了凡さんに言うわけです。

「そう思うだけでいいのです。そうすれば、あなたの運命は変わるのです」と。

了凡長官はびっくりして、家に帰って奥さんにその話をするわけです。けっして学問のある奥さんではなかったけれども、たいへん従順な気立てのいい奥さんだったとみえて、

「お父さん、それはすばらしいことじゃありませんか。ぜひ、その老師に教わったとおりのことをしましょうよ。私もできた女ではありませんが、少なくとも人が喜ぶように、うまくいくようにと思うようにします」

と言う。

また老師は、どのくらい善きことを思ったかで人生が決まると言ったので、

「点取り表を作りましょう。毎日、善いことを思ったらマル、悪いことを思ったらペケをして、今日は何回善いことを思ったかを、お父さん、競争しましょう」

と言う。

それからは長官は役所に行ってマルペケをする、奥さんも家にいてマルペケをする。帰ってきてから「今日はマルがいくつだった？　私はいくつで私のほうが勝ったわ」と言って、二人して競って善きことを思うように、つまりみながうまくいくことを思うように、ということをやったというのです。

生きているうちによい種をまき、運命を変えよ

『陰騭録』という本は、ここで状況が変わります。

袁了凡という老人が、今度は自分の息子に、

「お父さんの人生はそうだったのだよ。

いま私はもう六十七歳だ。おまえにも言ったように旅の老人に出会って、『五十三歳であなたは死ぬ。結婚はするけれども子供は生まれない』と言われたのに、おまえみたいなすばらしい息子が生まれた。

私もとっくの昔に死んでいなければならんのに、あの老師に会ってからというもの、私の人生は、老人が言った人生、運命とはまったく違った運命をたどり始めた。

それまではあの老人が言ったとおり、たしかに私の前世でつくった業によって私の運命は決まっていたのだろう。だがそこからというもの、老人が言ったものが全部崩れてしまった。

だから息子よ、運命というのはある、あるのだが、運命は変えられる。その唯一の方法が、善きことを思う、善を思う、ということなのだ」

と説いている。

『陰騭録』というのは、そういう本なのです。

運はあります、運命というものはあります。ありますが、宿命ではありません。現世において、新しい因をつくらなければいけません。現世において業をつくるのです。悪い業ではありません、いい業をつくるのです。そして運命を変えていくのです。

仏教に、〝思念は業をつくる〟という言葉があります。思うことが罪をつくるのです。業というのは因、原因の因です。それが悪い思いだった場合には、罪をつくるわけです。

オレが思うぐらい何でもないはずだと、みんな思っているのです。しかし、思うことが、実は業をつくるわけです。業は必ず現れるのです。その業が現れたものが運命なのです。

思念は業をつくる、思いが業をつくるわけですから、善いことを思うか悪いことを思うかによって運命は違ってきます。

だから「人生・仕事の結果＝考え方×熱意×能力」

の「考え方」、つまり善いことを思いなさいよ、「考え方」にはマイナスからプラスまであるんですからと言いましたが、いい「考え方」を日常からすることによって、運命が変わってくるわけです。

恐ろしいことに、思うだけで、思念が業をつくり、運命をつくるのです。

ポジティブな思いが人生を好転させる

運に見放されていた青春時代

以前に言ったことがありますが、幼い頃から就職をするまでの間、私はなんと運の悪い男だと思っていました。

戦時中のこと、物資がなかったので、学校では何でも抽選でした。一クラスに五十人くらいいますと、洋服が今度は十着配給があったので、抽選で決めるというときでも、当たったためしがなかった。引く前から、もう当たらん、と思っていました。運がいいということに縁がないと思っていました。

悪いことだけが当たるのです。腹が立ったことを二つ覚えています。

私は玉龍《ぎょくりゅう》高校の卒業になっていますが、それまでは天保山《てんぽさん》にあった商業学校に通っていたのです。もとは鹿児島中学だったのですが、三年で廃校になったんです。

それで、市立中学の連中と一緒に商業学校に行って、そこに二年いました。そして最後は、普通科の生徒は玉龍高校に編入されることになって、三年のうち一年間だけ玉龍だったのです。

私は鹿児島銀行にでも勤めたいと思っていたのです

が、担任の先生が、どうしても大学に行けと言われるものですから、大学に行こうかなと思って勉強を始めたときでした。新しい校舎ができることになったのです。

もう勉強しなくてはならんのに、新校舎を造るというので、三年になってからモッコ担ぎなのです。それで行ってみると、三年生で出てきているのは私と三人ばかりで、誰も来ていない。

考えてみたら、大学受験の前に来るバカはいないはずです。それで三日目にサボったんです。そうしたら点呼を取っている。そして三日目は大半が出てきているわけです（笑）。

要領が悪いというか、点呼も取らない二日だけ出て、点呼を取るときには出ていない。ですから、学校で怒られて「横着なやつはけしからん」と言われる。「みんなが勤労奉仕をしているときに勤労奉仕もしない、エゴイストや」と先生に言われて腹が立ちました。

もう一つ、これも高校時代ですが、いまは久保田鉄工（現クボタ）の常務をやっている友人、鹿児島中学から鹿児島大学まで同級生なんですが、その友人が軟式野球のピッチャーだったのです。

鹿児島の高校対抗の試合が鴨池《かもいけ》であるというので、みんなで応援に行ってあげようということになった。

私は試験勉強もあったので、行くのはやめよう、と思ったのですが、みんなが「そう言わずに、稲盛も行こうや」と言うのです。

私は貧乏で、定期券もやっと持ったぐらいですから、お金は持っていないし、「やめておく」と言うと、「いや、定期券で行けるよ」と言う。

昔、高見馬場《たかみばば》のところで乗換券をくれたのです。ちょろまかして乗換券をもらえば鴨池まで行けるという。それでみんなで何とか乗換券をもらって鴨池まで行ったのです。

帰りはどうもムシの知らせがあって、「オレは草牟《そうむ》田《た》まで歩いて帰る」と言ったのです。

すると「鴨池から歩いてなんて遠いぞ。乗ればええんや」と。鴨池から電車に乗っていづろ通の辺まで行って降りれば、草牟田から玉龍までの定期券は持っているわけだから、ばれないというんです。

それでみんなが乗ろう乗ろうと言うものですから、イヤやなあ、と思ったのですけどね……。何回も歩いて帰ると言ったのに、「そんなこと言わずに」と言われて乗った。

するとと案の定、顔に書いてあるんですかね。みんなは定期券をパッと半分も見せずに急いで降りた。最後に降りていった私だけが捕まってしまって（笑）。

車掌にとっちめられて怒られるわ、定期券は没収されるわ、三カ月定期で、もうお金はないのにね。それで、これは常習犯だから罰金をというので、何倍というのを取られた。

学校に行ったら職員室に貼り出され、先生が朝礼のときに僕をチラッチラッと見ながら、「このクラスには頭が若干よくても悪いことをするやつがおって」というようなことを言われて、もう恥ずかしいやら……。なぜかしら誰も捕まらない、私だけ捕まる。

また、大学を卒業して就職するときも、どこも受からない。子供の頃は結核にはなるわ、体は弱いわ、やることなすこと全部ダメ。

考え方を変えたら、運命は百八十度変わった

さらには京都に出ていって、就職した会社が、見るも無惨な会社で、景気は悪いわ業績は悪いわ、赤字会社でボーナスをくれないどころではない、給料日になっても給料が出ない。ちょっと待ってくれ、と会社に言われるのです。

会社に入って研究を始めてからも、ひねくれているんです、こんなボロ会社辞めてやろう、と。ですが、辞めたってどこにも行くところがない。

やっとその会社に入れてもらったのですから、どうにもならないわけです。辞められはしないくせに、こんなボロ会社なんて、と強がりを言う。

いよいよどこにも行けなくなってしまって、自衛隊に行こうと。当時は卒業するときに就職先がないものですから、自衛隊の幹部候補生学校に行った連中が何人もいました。

約一年間その会社に勤めていて、やっぱり自衛隊のほうがいいぞ、自衛隊を受けようということで、天草の出身で京都大学の化学を出た友人と二人で、伊丹まで行って自衛隊の試験を受けました。

それで受かって行こうとしたのですが、戸籍抄本を送ってくれと田舎《いなか》に言ったのに送ってこない。友人は天草から送ってもらって自衛隊に行ったのですが、私は行けない。

けっきょく、一人取り残されてしまったので、もう居直って、その会社で研究に打ち込み始めたわけです。そして「研究するなら、もうくさるのはやめだ。前向きに明るく生きよう」と思ったのです。そこからコロッと変わってきたのです、人間が。

当時、月給を九千円しかもらっていなかった。手取りはいくらだったか、おそらく千円ぐらい引かれたのでしょうか、そのうちの二千円を鹿児島の母親へ仕送りしました。

そして残ったお金で、まだ大学を出て二年ぐらいしか経っていないのに、私の助手の人たちをたまに飲み食いに連れていかなければならない。

飲み食いといっても、素うどんに焼酎を呑《の》む程度ですが、それでも二千円ぐらいを交際費に、部下をもてなすのに使っていました。

そしてわずか三千円ぐらいで、私は自炊をして食べていくという生活でした。

そうやって人生を明るく生き出してからというもの、研究しながら苦しんでやっているときに、人生というのはこんな方程式で決まるのではないかな、と気がつき始めたのです。

そこから運命は百八十度変わっていくのです。

方程式のなかの「考え方」を、すばらしい明るいポジティブな、健全で健康ないい考え方にする。そうしますとおもしろいことに、運命というものがもともとありますが、その運命が変わっていくのです。

安岡正篤さん曰く「それを〝立命〟という」。つまりいい方向に転じていく、ということです。

災難をチャンスに変える〝心の処し方〟

もう一つ、〝思念は業をつくる〟と言いました。

輪廻転生、前世を信じない、来世も信じないという人は、それで結構です。オレは生きているこの現実しか信じないという人は、現世だけで結構です。

その現世において思ったこと、やったこと、それが業をつくるわけです。

いちばん業をつくるのは思念なのです。実行したことももちろん業をつくりますが、その業が、運命というものを決めていくわけです。

つくった業は、必ず現れます。業が現れるということは、つまり運命です、我々の運命です。

人間にはつまずきがあります。現世のいまを生きているあなたには関係がないのだけれども、あなたが知らない過去世でつくった因縁、また業によってどんなことが起こるかわからないわけです。それを一般に〝災難〟というのです。

災難というのは避けようがありません。現世に生きているときに善きことを思うことで避けられることもあるのですが、それでも過去の業の深さによっては避けられません。

実は、その災難に遭ったときに人間の価値が決まるのです。そのときに、みんなのたうちまわるわけです。たとえば銀行、金融のバブル崩壊における不祥事です。

昨日までは財テクに精を出し、株式や何やらでたいへん儲かってすばらしいといわれていた経営者が、バブルが崩壊し、一朝にして持っている株がメチャクチャに下がり、土地の値段が下がり、首を吊らなければならないという経営者もおられるでしょう。

また証券・銀行で不祥事があって、いままで社長で威張っていたのに、突然、社長交代で追放ということが起こっている。

新聞を毎日見ておられればわかるように、人生にはさまざまな事象が起こってきます。

本人に責任があり罪があるものもありますが、それとは関係なしに災難に見舞われる。そのときにどう処するかということが問題になってくるのです。

そういう災難に遭ったときの身の処し方ができていないために、さらに事態が悪化していくわけです。大体がつまずきますと、そのつまずきがさらにつまずきを起こしていくのです。

これは秘中の秘ですけれども、大きな災難ではなく小さな災難でも、あるいは災難と名のつくようなものではなく、病気でも結構です。そういうことが起こったときに、それを喜ぶのです。

喜べなくても、喜ぼうと思うのです。理由がなければ喜べませんね。それはなぜかというと、業が消えるときだからです。

過去につくった業が消えるときに災難が現れるわけです。現れるということは、すんだということなのです。

過去につくった業が消えるためには、表に出てこなければいけません。隠されている間はいつ出てくるかわからないわけです。

つまり大病をしたときでも、「よかった。この程度の病気で終わるなら、手術をして命を取り留めただけでもよかった」と喜ばないといけない。

つまり、業が消えるんです。その現象が起こることによって、過去の業が消えるわけですから、「死ななかったのだから、ええやないか」と、それがポジティブな取り方です。考え方がネガティブじゃないのです。

災難が起こっても、それをいいほうに解釈していく。「ああよかった、ありがたいことだ。この程度の災難ですんでよかったな」と、そう思いなさい。

そう思えてくると感謝ができる。そうすると、それで事がすんでしまって、あとはいい方向に行くのです。

ポジティブに思えば病気も喜びに変わる

私より一回り上、十二歳上の、女性の下着をつくっているワコールの創業者・塚本（幸一）さんと親しくさせてもらっています。

京都の商工会議所の会頭をされていますが、近江商人の出でして、すばらしい人間性をもった人で、そしてなかなかのドンファンでもあります。

人間がひじょうにいいんですね。とくに私をたいへん好いてくれていまして、何かあると「稲ちゃん、稲ちゃん」と親しくしていただいています。

やっぱり、ああいうふうにすばらしい人生を歩いている人というのは、理屈抜きにわかっておられるんですね。

私が偉いと思ったのは、何年か前に病気をして入院されたときのこと。大変だということで、見舞いに走っていったのです。

ところが本人はニコニコしていて、前の晩も友達を呼んでベッドの上で麻雀《マージャン》をしていたというのです。

それで「院長に『隣の部屋の入院患者にもよくない』と怒られたけれど、また今日の晩もやるんだ」というようなことを言われる。

「いい加減にしてくださいよ」

と言うと、

「いや、オレはたいへんうれしいんや」

と言われる。

「実は一昨日、大したことはなかろうと思ったんだけれども、ちょっと気になったので、病院に診《み》てもらいに来たら、すぐに入院しなくてはならんというので、入院した。実はこういう病気でちょっと重いんや」と。それなのに麻雀をして喜んでいるわけです。

彼はポジティブなんですね。

「病気に気がついていなかったらえらいことになっていたと医者も言っている。病気の原因がわかったから、オレはうれしいんや」

人間はおもしろいですね。普通は、病院へ行って原因が見つかってから心配し始めます。それを彼は、

「原因がわからないで、何も気がつかずに普通に仕事をしていたとすれば、それが危ないんだよ。

ちょっと気分が悪くなって病院へ行って検査してもらって、これは腎臓ですよ、肝臓ですよ、すぐに入院やと言われたのなら、ああよかったと、なぜ思わないのだろう。

そこから心配し始めるから、ますます病気が悪くなる」

というわけです。

知らぬが仏で、家の中でウロウロしていたときはよかったのだけれども、病院へ行って原因がわかったがために、そこから心配が始まる。

それを彼は、おかしいやないか、原因がわかって、医者が手当てをしてくれるというのなら、ああよかった、それで救われたと思わねばならないというのです。

そういう人は、普通の人とはまったく別の、正反対の発想をします。だから、病気でもすぐに治るのです。運命も必ず好転していきます。一代であのすばらしい大会社をつくっていける。それはもう考え方一つです。

だから「人生・仕事の結果＝考え方×熱意×能力」と、最初に「考え方」があるわけです。

知るだけでは意味がない、反省し実行せよ

みなさんに同じようなことを今後も言うと思うのです。それを「ああ塾長、それはこの前聴いたわ」と思ってはいけません。

こういうものは、聴いただけでは意味がないのです。

繰り返し思い返して、実行に移さなければ一銭にもなりません。

なぜ、私がそのことに気がついたかといいますと、それは自分自身のことだからです。

自分で偉そうなことを言ったり、勉強したりしても、すぐにコロッと忘れてしまう。忘れてしまいますから、たまに思い出して、こう言いましても、私の生きている生きざまとは違うケースがあるのです。

私の場合、生きざまと、言っていることとがあまり乖離《かいり》していないために、他の人から若干尊敬されていると思うのですね。

普通はそうではないのです。たとえば有名な人でも講演をするときの話の内容と、実際にその人がやっていることが違うことがあります。

きれいなことを言っているのに、全然違うガメツイことをやっていたりする。

その人だって、よくありたい、と思っているのです。それが、その瞬間に思っているだけであって、日常はコロッと忘れてしまっているから、ガメツイことをしておられるわけです。

だから私はこう言っています。「反省のある人生でなければいけません」と。

私の場合は、実は毎朝反省をするのです。それが習慣づいているものですから、何とかまだ救われているのです。

お坊さんでも、たしかに若い頃は修行をした偉い方もおられます。相当な修行をして悟りをひらいたお坊さんもおられますが、そこから努力をしなかったら、人間というのは元の木阿弥《もくあみ》です。

だから、立派なお坊さんであったであろうに、年がいって老醜をさらすようなお坊さんはいくらでもおられます。

放っておいたら魂の周囲にもろもろ、芥《ごもく》がつきますから、しょっちゅう魂を磨いておかなければダメなのです。

つまり、魂を磨き続けるということが〝反省〟であり、人生であるべきなのです。

生き方の神髄 6

稲盛和夫箴言集

51.

考え方一つで、人生はガラリと変わってくる。能力が劣っていようとも、逆境に立たされようとも、すばらしい未来が待っていると思って生きていると、それだけで人生はうまくいく。絶対に、自分の将来は不運だと思ってはいけない。

（『考え方ひとつで人生は変わる』）

52.

この現世で人間がつくる原因の最初にあるものは、人間の思いだ。我々は自分の心に思ったことを実行するのであって、心に思わないことは実行しない。思うことが原因であり、思いを実行したこともまた原因となる。その思いと行動の結果として、いま我々が生きている人生がある。

（『成功の要諦』）

53.

「能力」や「熱意」の重要性については誰でもわかっているかもしれないが、「考え方」や哲学が、人生においてどれだけ大切かということは誰も教えてくれない。しかし、人生においては、正しい「考え方」をもつことがいちばん大切なのである。

（『ゼロからの挑戦』）

54.

どんな境遇にあろうとも、愚痴や不平不満をもらさず、つねに生きていること、いや、生かされていることに感謝する。そのようにして幸せを感じる心を養うことによって、人生を豊かで潤いのあるすばらしいものに変えていくことができる。

（『考え方』）

55.

多くの方とのすばらしい出会いがあり、その厚意と善意に満ちたアドバイスがあることに気づき、不平不満を言うよりは、「感謝」をしようと思い始めてから、また感謝の思いをもとに、日々少しでも善きことに努めていくことで、運命が大きく好転していった。まさしく私の人生が、善きことを思い、善きことを行えば、運命はよい方向に変わっていくことが人生の真理であることを証明している。

（『成功の要諦』）

56.

我々が行っていること、思っていることが、何年先か何十年先かに、やがて必ず起こる結果をつくっていく。いまつくっている業（カルマ）が原因となる現象は将来必ず現れる。そのときにあわてふためいてももはや遅い。このことを心にとめて、日々善きことを行うようにしていきたい。

（『稲盛和夫の哲学』）

57.

人生で起こることは、人間の浅はかな知恵をもって、目先の幸不幸だけで判断してはいけない。天という高い視点から見るべきで、そうすればまったく異なる様子が見えてくる。いま、一見非情に見えるほどの災難に遭遇しているとすれば、それはその人の将来にとってプラスになると思わなければならない。それは天が与えてくれた「ごほうび」なのかもしれないのだ。

（『考え方』）

58.

仏教で、「一人ひとりに仏が宿っている」と教えるように、人間の本性とはもともと美しいものだ。「愛と誠と調和」に満ち、また「真・善・美」、あるいは「良心」という言葉で表すことができるような、崇高なものである。人間は「反省」をすることで、この本来もっている美しい心を開花させることができる。

（『「成功」と「失敗」の法則』）

59.

反省のある毎日を送ることによって、自分の心を磨いていく。邪《よこしま》な心を取り除き、美しい、善き思いを心に育てていく。そのことが我々を幸せな人生へと導き、すばらしい人生をつくっていくことになる。

（『活きる力』）

60.

いずれは私も、魂の新たなる旅立ちの日を迎えることになるわけだが、それまで、この生きている間に、善きことを思い、善きことに努めることで、自分の魂を生まれてきたときよりは、少しでも美しいものに磨きあげていかなければならない。それこそが、この現世で生きていく目的ではないかと考え、いまも努めている。

（『成功の要諦』）

出典（いずれも稲盛和夫著・一部改変したものがあります）

51．『考え方ひとつで人生は変わる』22、23Ｐ（ＰＨＰ研究所）
52．『成功の要諦』187、188Ｐ（致知出版社）
53．『ゼロからの挑戦』105Ｐ（ＰＨＰ研究所）
54．『考え方』183Ｐ（大和書房）
55．『成功の要諦』250Ｐ（致知出版社）
56．『稲盛和夫の哲学』122Ｐ（ＰＨＰ研究所）
57．『考え方』172Ｐ（大和書房）
58．『「成功」と「失敗」の法則』93Ｐ（致知出版社）
59．『活きる力』107Ｐ（プレジデント社）
60．『成功の要諦』252Ｐ（致知出版社）

稲盛和夫（いなもり・かずお）　一九三二年、鹿児島生まれ。鹿児島大学工学部卒業。五九年、京都セラミック株式会社（現・京セラ）を設立。社長、会長を経て、九七年より名誉会長。また、八四年に第二電電（現・ＫＤＤＩ）を設立、会長に就任。二〇〇一年より最高顧問。一〇年には日本航空会長に就任。代表取締役会長、名誉会長を経て、一五年より名誉顧問。一九八四年には稲盛財団を設立し、「京都賞」を創設。毎年、人類社会の進歩発展に功績のあった人々を顕彰している。
著書に『生き方』『心。』『京セラフィロソフィ』（いずれも小社）、『働き方』（三笠書房）、『考え方』（大和書房）など、多数。

稲盛和夫オフィシャルホームページ
https://www.kyocera.co.jp/inamori/

人生と仕事の方程式

二〇二一年　二月　五日　初版印刷
二〇二一年　二月　二十日　初版発行

著　者　稲盛和夫

発行人　植木宣隆
発行所　株式会社　サンマーク出版
〒一六九-〇〇七五
東京都新宿区高田馬場二-一六-一一
（電）〇三-五二七二-三一六六
印刷　共同印刷株式会社
製本　株式会社若林製本工場

ISBN 978-4-7631-9836-5　C0030
ホームページ　https://www.sunmark.co.jp

【稲盛ライブラリーのご案内】

「稲盛ライブラリー」は、稲盛和夫の人生哲学、経営哲学である京セラフィロソフィを学び、継承・普及することを目的に開設されています。稲盛の人生哲学、経営哲学をベースに、技術者、経営者としての足跡や様々な社会活動を紹介しています。

■所在地　〒612-8450 京都市伏見区竹田鳥羽殿町 9 番地
（京セラ本社ビル南隣り）

■開館時間　午前 10 時～午後 5 時

■休館日　土曜・日曜・祝日および京セラ休日

■ホームページ
https://www.kyocera.co.jp/company/csr/facility/inamori-library/

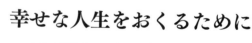

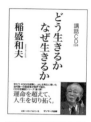

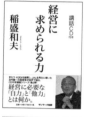

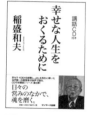

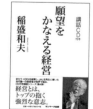